AF382311

LA COMUNA DE PARÍS

Una revolución parisina
con un destino trágico

Por Mélanie Mettra
Traducido por Laura Soler Pinson

Historia 

LA COMUNA DE PARÍS

- **¿Cuándo?** Del 18 de marzo al 28 de mayo de 1871.
- **¿Dónde?** En París (Francia).
- **¿Contexto?** La guerra de 1870 contra Prusia y el final del Segundo Imperio.
- **¿Principales protagonistas?**
  - Adolphe Thiers, político, periodista e historiador francés (1797-1877).
  - Louise Michel, revolucionaria francesa (1830-1905).
  - Jules Vallès, escritor y periodista francés (1832-1885).
  - Nathalie Lemel, revolucionaria francesa (1827-1921).
  - Eugène Varlin, político y sindicalista francés (1839-1871)
- **¿Repercusiones?**
  - El nacimiento de la Tercera República.
  - La aparición del mito fundacional de las revoluciones proletarias.

La Comuna, que tiene lugar en 1871, es la última

sublevación parisina que sigue la línea de los que, hasta ese momento, han marcado la historia revolucionaria francesa. Entre 1789 y 1871, Francia vive 7 regímenes sucesivos, pasando de la monarquía absoluta inestable a la monarquía constitucional efímera, de la República al Consulado y al Imperio, restableciendo a continuación la monarquía antes de volver a pasar por una experiencia republicana e imperial. Cada ruptura se lleva a cabo a través de la violencia de la insurrección.

En 1789, los parisinos toman las armas, lo que deriva en la elección de una Asamblea. En 1792, nace la Primera República durante la jornada del 10 de agosto (toma de las Tullerías y caída de la monarquía); en la primavera de 1795, la reacción termidoriana se desarrolla a través de los motines de germinal y de pradial (abril-mayo). La Restauración se termina en julio de 1830, durante las Tres Gloriosas (27, 28 y 29 de julio), cuando la capital francesa se cubre de barricadas, obligando a Carlos X (1757-1836) a abdicar y a huir. El 24 de febrero de 1848, es la Monarquía de Julio de Luis Felipe I (1773-1850) esta vez la que ya no puede hacer frente a la revolución. Luis Napoleón

Bonaparte (1808-1873), futuro Napoleón III, aprovecha el sufragio universal para acceder a la función presidencial y, más tarde, a la imperial, pero esta vez será la mezcla de una guerra y de una última insurrección la que pondrá un punto final definitivo a los sobresaltos políticos de un siglo XIX particularmente agitado. En efecto, desde 1870, Francia está en guerra contra Prusia, que derrota a la nación francesa en unas semanas. El emperador es hecho prisionero y la emperatriz Eugenia (1826-1920) huye, por lo que se elige un nuevo gobierno republicano. Pero la población parisina, asediada por los prusianos, se niega a renunciar a su libertad. Entonces, se constituye como Comuna autónoma en marzo de 1871. Apenas tiene tiempo para abrir algunos horizontes idealistas antes de desaparecer con sangre y hierro.

CONTEXTO

DE LA REPÚBLICA AL IMPERIO

La presidencia de Luis Napoleón Bonaparte

En febrero de 1848, la Monarquía de Julio es derrocada por una nueva revolución. El Gobierno provisional que se forma tras la abdicación de Luis Felipe I proclama la Segunda República. Esta nueva era política, marcada por la abolición de la esclavitud y de la pena de muerte, ve sobre todo cómo se instaura el sufragio universal masculino (el 4 de marzo de 1848), que desempeñará un papel inesperado en la perpetuidad del régimen. En efecto, la Constitución de la Segunda República prevé la elección mediante sufragio universal de un presidente de la República, jefe del ejecutivo. El 10 de diciembre de 1848, Luis Napoleón Bonaparte, sobrino del emperador Napoleón I (1769-1821), gana las elecciones presidenciales con alrededor de 5,5 millones de votos, contra menos de los 2 millones que obtiene su contrincante, el republicano Eugène Cavaignac (1802-1857).

Luis Napoleón, que durante un tiempo se exilia en Londres y que ha regresado hace poco, jamás ha escondido su deseo de restaurar el imperio tal y como lo concebía su antepasado, es decir, como un medio para promocionar las concepciones progresistas de la Revolución. Solo los republicanos radicales podrían suponer un obstáculo real, pero logra apartarlos de la Asamblea. Su Gobierno vuelve a entablar relaciones con la Iglesia, sobre todo en el área de la educación, cuyas puertas le abre de par en par, con lo que se opone a la laicidad republicana. Al mismo tiempo, Luis Napoleón Bonaparte se pronuncia contra la ley que vincula el derecho de voto a una obligación de residencia, que dejaba fuera a una gran cantidad de población obrera, a menudo móvil. De esta manera, logra avanzar entre una cierta forma de conservadurismo y un progresismo social del que se erige como impulsor en su obra *Extinción del pauperismo*, escrita en 1844. Cuando en 1852 se plantea la cuestión de su reelección, que está prohibida por la Constitución, el príncipe presidente inicia una campaña para revisar el texto de esta última. Tras la negativa de la Asamblea, Luis Napoleón Bonaparte ordena la disolución de esta cámara el 2 de diciembre de 1851. Manda arrestar a sus oponentes y el Ejército vigila París, pero no se produce ninguna reacción. Solamente en el sur de país, muy a la izquierda en el tablero político, se desarrollan importantes levantamientos que son reprimidos con dureza (arrestos, condenas a muerte y deportaciones a Argelia). Luis Napoleón Bonaparte, reelegido el 21 y 22 de diciembre de 1851 por el pueblo, emprende una reforma de la Constitución y se proclama emperador en octubre de 1852.

El Segundo Imperio y el desarrollo de un nuevo modelo económico

Oficialmente, el Segundo Imperio nace el 2 de diciembre de 1852. Es a la vez heredero de la Revolución y del Imperio, por lo que a veces mezcla de manera confusa el respeto de ciertos ideales republicanos (igualdad jurídica, derecho de propiedad, desarrollo de la educación de las chicas) y el autoritarismo (sistema de candidaturas oficiales, control estricto de los ministros y de los prefectos, restricción de las libertades de prensa y de asociación). El emperador posee la iniciativa legislativa, y esas leyes son preparadas por el Consejo de Estado y, a continuación, sometidas a debate y al voto en el Cuerpo Legislativo.

En el ámbito económico, a menudo se vincula el auge del capitalismo al Segundo Imperio. En 1860, Francia firma un tratado de libre cambio con Inglaterra, pero este periodo se ve marcado sobre todo por la ejecución de grandes obras que modernizan profundamente el país. En primer lugar, afectan a la red ferroviaria, que se extiende por todo el país, con lo que se favorecen los intercambios y se estimula la producción siderúrgica. Nacen las grandes compañías, como PLM (París-Lyon-Marsella). A continuación, se llevan a cabo obras en el sector agrícola, como la desecación de muchas zonas húmedas y la excavación de canales. Para acabar, se vuelve a pensar el espacio urbano, sobre todo gracias al prefecto del departamento del Sena Georges-Eugène Haussmann (jurista y funcionario francés, 1809-1891). París es atravesada por grandes avenidas flanqueadas por palacetes; se tira abajo la Île de la Cité, «isla de la Ciudad», para volver a construirla de nuevo; ahora, parques y plazas airean la ciudad. Estas obras tienen un doble objetivo sanitario y político. En efecto, las calles y los callejones parisinos eran sinónimo de insalubridad y de inseguridad, no solo en la vida cotidiana, sino también durante los levantamientos populares que aprovechaban esta planificación como barricadas o como escondites propicios. Sin lugar a dudas, el diseño haussmaniano permite que se eliminen las viviendas más precarias y se instaure una cierta higiene. También tiende a suprimir los focos de revuelta y dificulta más la organización de manifestaciones populares, que son más vulnerables en arterias anchas, donde las fuerzas policiales o armadas pueden desplegarse. Sin embargo, este plan se muestra ineficaz a la hora de resolver el problema de la pobreza —en la presentación de su proyecto urbanístico de París, Haussmann asegura que hay más de un millón de pobres— y, al final, no hace más que desplazar los barrios populares, sobre todo hacia el este parisino. Hasta ese momento, las familias acomodadas y las modestas estaban mezcladas, pero a partir de ese punto, el centro de París, engalanado con unos bonitos edificios, estará aislado de la pobreza. Esto traerá consecuencias durante los motines de la Comuna.

Por último, las obras que se llevan a cabo brindan la posibilidad de aplicar los procesos capitalistas: se contratan créditos importantes para garantizar la financiación, se dan préstamos a la industria y París se convierte en un mercado bursátil internacional. El Banco Nacional de Francia se transforma en un banco de crédito y de inversión y se crean muchas otras entidades de crédito, como el Crédit Lyonnais o la Société Générale. Gracias a que se elimina la obligación de autorización previa (en 1863 y 1867), se multiplican las empresas que se definen como compañías por acciones. Entonces, aparecen grandes firmas, como Saint-Gobain en el ámbito de la química, en manos de familias de renombre que invierten su capital en la banca, en la industria o, incluso, en el comercio, por lo que cada vez concentran un mayor poder financiero. Por su parte, la mecanización y el reagrupamiento de obreros favorecen la creación de grandes centros de producción como, por ejemplo, en Le Creusot para la metalurgia o en las minas de carbón del norte del país.

Por lo tanto, bajo el reinado de Napoleón III se inicia una profunda transformación de la sociedad.

Sin embargo, no todas las estructuras sociales se ven alteradas de un día para otro. Sobre todo en París, sigue existiendo una población modesta, obrera, que trabaja en pequeñas estructuras, más cercanas al artesanado que a la industria: así sucede en el sector textil, en el zapatero, en el del libro y en el de la construcción. Estos trabajadores manuales, que son los actores de las revoluciones de los siglos XVIII y XIX, son apartados gradualmente de los avances sociales por el nuevo capitalismo de la economía y son alejados del centro de París, donde hasta ese momento se frecuentaban patrones y obreros. Estos hombres educados y politizados encarnan de una manera cada vez más explícita la conciencia obrera que nace a mediados del siglo XIX.

EL MOVIMIENTO SOCIALISTA Y LA CONCIENCIA OBRERA

Los pensadores del socialismo y del comunismo

Cuando se habla del nacimiento del capitalismo y de la condición obrera, en seguida se piensa en la figura emblemática de Karl Marx (filósofo alemán, 1818-1883). Este aporta su grano de arena al pensamiento político, histórico y económico al introducir el concepto de lucha de clases. En su *Manifiesto del Partido Comunista*, publicado en 1848, considera que la historia no es más que el relato del conflicto constante entre opresores y oprimidos. En su época, las dos clases que se enfrentan son los obreros que, por su trabajo, producen una plusvalía, y los capitalistas (o burgueses), propietarios de la maquinaria de producción, que se aprovechan de ello. En 1864, funda con su amigo Friedrich Engels (filósofo alemán, 1820-1895) la Asociación Internacional de Trabajadores, en apoyo a los polacos que se sublevan contra Rusia. El objetivo es formar una unión solidaria de todos los trabajadores europeos.

En Francia, otros filósofos reflexionan acerca del mundo laboral y contribuyen al nacimiento de la conciencia obrera desde el inicio del siglo XIX. Primero, son los socialistas utopistas —como los llama Karl Marx—, entre los que se encuentran el conde de Saint-Simon (1760-1825) y Charles Fourier (1772-1837). El primero, inspirado por una estancia en Estados Unidos, presenta el trabajo como un valor moral fundador que se opone a la ociosidad, considerada una forma de parasitismo. Así, coloca a la industria en el centro de la sociedad, como procedimiento de humanización de la naturaleza y expresión del genio humano. Por otra parte, anticipa la noción de lucha de clases de Karl Marx y explica la historia con una confrontación entre los nobles (los parásitos) y, a partir de 1789, los propietarios, y los productores o proletarios. Por su parte, Charles Fourier reivindica un mundo que se basa en el amor, en la armonía y en la exaltación de las pasiones, unos sentimientos que han sido reducidos a cenizas con el desarrollo del comercio y de la industria. En efecto, la competencia y el afán de lucro incitan a que unos se enriquezcan gracias al empobrecimiento de otros. Su concepción de las relaciones humanas se apoya en el falansterio, una agrupación de producción y de consumo en la que cada miembro ejerce varias profesiones, según su voluntad.

Estos dos ideólogos tienen en común el rechazo total de la violencia en cualquiera de sus formas, algo en lo que no todos los socialistas políticos coinciden. Este es el caso de Louis Blanc (1811-

1882), que llama a los obreros a la lucha, animándolos a asociarse y cooperar, en particular en su libro *La organización del trabajo*, publicado en 1840. Igualmente, Auguste Blanqui (1805-1881) prácticamente convierte la revolución en su pan de cada día. Este miembro de la sociedad secreta de la Carbonería, que se opone al regreso de la monarquía, está presente en todas las barricadas. Encarcelado y exiliado, será uno de los modelos de los partidarios de la Comuna.

Otro movimiento muy influyente es el anarquismo, encarnado por Joseph Proudhon (filósofo francés, 1809-1865). La expresión «la propiedad es el robo» resume por sí sola su visión de la sociedad: poseer una empresa y obtener beneficios del trabajo de los obreros que la conforman es robar a los trabajadores la plusvalía que producen. También rechaza cualquier idea de Estado o de gobierno que institucionalice la propiedad, y propone como modelo el mutualismo, donde cada uno se asocia y coopera, disfrutando por igual del trabajo de todos. A nivel político, el mutualismo está representado en el federalismo: las comunas autónomas cooperan unas con otras en compromisos contractuales y se mueven en torno a objetivos comunes. Para llegar hasta este punto, Proudhon no se opone a la revolución, algo que le parece incluso necesario para derrocar el orden establecido.

Sobre el terreno, estas distintas corrientes de pensamiento, que encuentran un eco muy importante en una parte de la población obrera parisina gracias a las diferentes revistas que dirigen periodistas socialistas, como Louis Blanc o Jules Vallès, se transmiten a través de muchas consecuciones.

Organizaciones y movimientos obreros

El mundo obrero de la segunda mitad del siglo XIX es todavía muy diverso. Aunque ya existen grandes fábricas, que reúnen una mano de obra importante, la mayor parte de la población obrera urbana está conformada por trabajadores manuales contratados por pequeños talleres, como una forma de artesanado más o menos desarrollada. Sus condiciones de vida son precarias: no tienen horarios fijos, a menudo están desempleados y no tienen ninguna prestación para esa situación, están obligados a tener una gran movilidad debido a que tienen que buscar trabajo y no gozan de jubilación. Entre ellos, se encuentran muchos tejedores, zapateros, sombrereros, impresores, carpinteros o ebanistas. Todas estas profesiones cualificadas están ejercidas por personas instruidas que se forjan una conciencia política. Esta también se desarrolla dentro de asociaciones, legales o no, que revisten varias formas.

La sociabilidad de los trabajadores no es algo nuevo. Reunidos en gremios o corporaciones, tienen la firme voluntad de defender sus intereses desde hace varios siglos. La Revolución de 1789 altera en cierta medida el modo de reunión, que todos los regímenes consideran una amenaza que puede provocar insurrecciones. Así pues, los encuentros están muy supervisados: a partir de 1791, la ley Le Chapelier prohíbe cualquier forma de asociación que pudiese ser un foco de activismo político y solo autoriza a las sociedades de ayuda mutua (es decir, en caso de accidente, de fallecimiento o de desempleo).

El 28 de febrero de 1848, en París, unos obreros están manifestándose para que se cree un Ministerio de Trabajo. Aunque más o menos se escucha su petición, en la práctica solo se tratará de una comisión presidida por Louis Blanc que intentará resolver el altísimo desempleo a través de la creación de talleres nacionales efímeros. En las semanas siguientes, se incrementan las asambleas de los miembros de una misma profesión, lo que sienta las bases de nuevas sociedades (las sociedades generales, en francés llamadas Sociétés générales o Générales), que agrupan a todos los obreros de una misma profesión. Su objetivo es aunar esfuerzos en temas de producción (para que los objetivos se fijen en asambleas y los beneficios se repartan de forma justa), de ayuda o, incluso, de crédito. Pero en seguida se limitan estas iniciativas. En efecto, la ley del 27 de mayo de 1848 autoriza las asociaciones de trabajadores siempre y cuando no estén gestionadas de forma autónoma. Incluso se prohíben definitivamente las asambleas corporativas tras las sublevaciones de junio. Desaparecen las sociedades generales, que dejan su sitio a las fraternales, cuya actividad oficial se limita a la ayuda en caso de desempleo o de huelga. Se producen intentos de federación entre todas estas asociaciones (casi cada profesión cuenta con una) entre 1848 y 1849, como la Cámara Sindical Obrera o, incluso, organismos que proponen créditos gratuitos, como el Banco del Pueblo de Pierre Proudhon o la Mutualidad de los Trabajadores. Pero en 1850, las sociedades de ayuda mutua también ven cómo se restringe su libertad de acción. Además de la obligación de recibir la autorización del Gobierno para existir, no pueden intervenir en el marco del desempleo, ni en cuestiones que estén relacionadas con las pensiones de jubilación. En 1852, el control administrativo vuelve a aumentar, cuando es el propio emperador quien designa a sus presidentes. Sin embargo, esta supervisión no impide la intensidad de las reivindicaciones, y las sociedades de ayuda mutua a menudo se convierten en sociedades de resistencia.

Cada año, se producen cerca de 100 huelgas, a pesar de que están prohibidas. A partir de los años 1860, el fenómeno toma unas proporciones mayores: con motivo de la Exposición Universal de Londres en 1862, se incrementan los encuentros entre los obreros franceses y británicos (que también se muestran muy activos en la promoción del sindicalismo). En las elecciones legislativas de 1863, se presentan algunos candidatos que representan al movimiento obrero, animados por Napoleón III. En febrero de 1864, el cincelador Henri Tolain (1828-1897), organizador de la delegación obrera en la Exposición Universal y candidato a la diputación, publica *el Manifiesto de los Sesenta*, que explica la necesidad de una representación obrera en el Parlamento y elabora un cierto número de propuestas en cuestiones como la educación, los salarios y la relación entre patrones y obreros. La ley del 25 de mayo de 1864 legaliza la asociación obrera, a condición de que no emprenda ninguna acción que afecte a la libertad de trabajo. Se abole el decreto que daba validez a la desigualdad jurídica entre patrones y obreros. En septiembre, Karl Marx y Friedrich Engels crean la Asociación Internacional de Trabajadores, a la que se afilian muchos militantes franceses. Para acabar, se otorga el derecho de huelga en 1868.

Cuando surgen las primeras tensiones entre Francia y Prusia en 1870, los militantes de la Internacional expresan su indignación frente al conflicto y llaman a los trabajadores europeos y, más en concreto, a los alemanes a que se opongan. A pesar de la represión del Gobierno frente a la creación de varias secciones de la Internacional en distintos barrios parisinos, esta continúa desarrollándose. La encarcelación de sus dirigentes en vísperas del conflicto no afecta para nada a su intensidad y muchos internacionales dirigirán o estarán en la raíz de los comités de vigilancia que nacerán tras la derrota de Sedán.

LA GUERRA DE 1870 CONTRA PRUSIA

Desde su llegada al poder, Luis Napoleón Bonaparte implica a Francia en varios conflictos. Preocupado ante todo por defender ciertos valores y difundirlos —en lo que se acerca bastante al proyecto de su ilustre antepasado—, participa en dos conflictos importantes en Europa: la guerra de Crimea contra el Imperio otomano y Rusia y la que enfrenta a los republicanos italianos contra Austria y contra los Estados Pontificios.

En 1854, el zar ruso Nicolás I (1796-1855) ocupa una parte de los territorios del norte del Imperio otomano. El 27 de marzo, Francia y Gran Bretaña, que le habían ordenado que se retirara, le declaran la guerra. Marcada por el sitio de Sebastopol, largo y sangriento, finalmente termina con el triunfo de los aliados franco-británicos, que firman el Tratado de París en 1856. También es la ocasión para que Camillo Cavour (figura central del Risorgimento, 1810-1861) goce del favor del emperador de los franceses, proponiéndole su apoyo militar.

La posición bonapartista hacia el Risorgimento italiano («Resurgimiento») es muy cambiante. En 1849, el emperador había enviado tropas a Roma para tomar los Estados Pontificios de manos de los republicanos y restituirlos al papa Pío IX (1792-1898). Pero, a partir de 1858 —quizás a raíz del atentado dirigido hacia su persona y a las súplicas del independentista italiano Felice Orsini (1819-1858)—, apoya al republicano Camillo Cavour en su proyecto de unificación de Italia. A cambio de su apoyo contra Austria, que entonces posee Italia del Norte, y a la que las tropas francesas derrotan en las batallas de Magenta (4 de junio de 1859) y de Solferino (24 de junio de 1859), Napoleón III obtiene Saboya y el condado de Niza. Pero tras el Armisticio de Villafranca (11 de julio de 1859), su relación con Camillo Cavour y con José Garibaldi (militar y político italiano, 1807-1882) se enfría, y el emperador vuelve a defender a Roma y al papa.

Si bien el emperador francés se ha enfrentado a Austria en la cuestión del Piamonte, se mantiene neutral cuando esta región debe afrontar a Prusia. En efecto, al igual que ocurre en Italia y en varios países europeos, se está operando un movimiento nacionalista y unificador en Alemania. Otto von Bismarck (1815-1898), ministro presidente de la Prusia dirigida por Guillermo I (1797-1888), desea reunir a los estados germánicos en torno al reino. Partidario de la conquista militar, derrota a las tropas austriacas en Sadowa el 3 de julio de 1866. La neutralidad de Napoleón III le permite obtener el ducado de Luxemburgo. No obstante, cuando en junio de 1870 Bismarck propone a un candidato prusiano para el trono de España, Francia se opone con firmeza. Guillermo I, prudente, anima a que se retire la candidatura prusiana, pero Bismarck, para colmar sus intenciones belicosas, falsifica el documento que narra el encuentro entre el rey y el embajador francés, una reunión que se presenta como si se hubiese producido una humillación por parte del diplomático (el telegrama de Ems). El Gobierno de Adolphe Thiers, que no puede aceptar la injuria, vota a favor de la movilización y declara la guerra a Prusia el 19 de julio de 1870. Las tropas francesas, inferiores numéricamente y mal preparadas, sufren sucesivas derrotas durante todo el mes de agosto. El 1 de septiembre, son aplastadas en Sedán y Napoleón III es hecho prisionero. A partir de ese momento, el Ejército prusiano puede dirigirse hacia París.

PROTAGONISTAS PRINCIPALES

ADOLPHE THIERS, POLÍTICO, PERIODISTA E HISTORIADOR FRANCÉS

| Retrato de Adolphe Tiers.

Adolphe Thiers nace el 15 de abril de 1797 en Marsella. Estudia derecho en Aix-en-Provence, donde conoce a François-Auguste Mignet (historiador y periodista francés, 1796-1884), autor de una magistral *Historia de la revolución de Francia*. En 1821, una vez que ha obtenido su función de abogado, se va a París, donde empieza una carrera de periodista. Denuncia la Restauración en sus artículos para *Le Constitutionnel* y redacta a su vez una *Historia de la revolución de Francia* que asienta su fama. En su periódico, *Le National*, que funda en 1829 con su amigo Auguste Mignet, defiende una monarquía estrictamente parlamentaria. En 1830, propone la candidatura al trono de Luis Felipe de Orleans, contra la de Carlos X. Redacta la protesta de los periodistas contra las ordenanzas de este último, publicadas en julio, pero se esconde durante la insurrección popular que estalla a finales de mes.

En octubre de 1830 es elegido diputado de Aix-en-Provence y participa en el primer Gobierno del reinado de Luis Felipe I como secretario de Estado y, más adelante, como ministro de Hacienda. A continuación, se le nombra ministro de Interior en 1832 y entre 1834 y 1836, y finalmente es designado ministro de Asuntos Exteriores. Dimite tanto de este cargo como del de presidente del Consejo, que ocupa a la vez, tras un desacuerdo con Luis Felipe I en relación con la cuestión española. No vuelve a la política hasta 1840, tras haber escrito la continuación de su *Historia de la revolución de Francia*, en la que habla del Consulado y del Imperio. Se le vuelve a nombrar ministro de Asuntos Exteriores, pero se encuentra con la oposición de Luis Felipe I cuando quiere que Francia intervenga en el conflicto que enfrenta a Rusia, a Austria y al Imperio otomano.

Se retira de nuevo de la vida política y se dedica a su trabajo de historiador y de escritor. Poco antes de las jornadas revolucionarias de 1848, se le llama para que se coloque a la cabeza del Gobierno y acaba cayendo con Luis Felipe I. Vuelve a convertirse en un simple diputado, se une a la mayoría conservadora y apoya la candidatura de Luis Napoleón Bonaparte para presidir la Segunda República. No obstante, en seguida se aleja del príncipe presidente, de quien teme sus objetivos imperialistas. Arrestado durante el golpe de Estado del 2 de diciembre de 1851, se exilia en Suiza. Aunque vuelve en 1852, durante 11 años no participa en política, hasta que resulta elegido diputado de París en 1863. Reclama la libertad de prensa, la libertad individual y la libertad electoral (contra las candidaturas oficiales), y se opone a las iniciativas belicosas del Imperio.

Cuando cae el Imperio, tras la derrota de Sedán, el Gobierno de Defensa Nacional le encarga que encuentre, en vano, un terreno de entendimiento con Otto von Bismarck. Tras las elecciones de febrero de 1871, es nombrado jefe del poder ejecutivo de la República francesa, una función que ocupa durante 2 años. Logra firmar la paz con Bismarck y mantener el *statu quo* con la Asamblea (que es mayoritariamente monárquica) en lo que respecta a las instituciones francesas, hasta que el país se reorganiza tras la ocupación prusiana. Entre marzo y mayo de 1871, organiza la represión de la Comuna e inicia la reconstrucción del país. Nombrado presidente de la Tercera República en agosto de 1871, contrata un préstamo para pagar la indemnización de la guerra para acelerar la salida de los ocupantes prusianos, reforma el sistema fiscal y la retención de impuestos, y crea el servicio militar obligatorio de 5 años. Pero, en 1873, es derrotado por Patrice de Mac-Mahon (general, político francés, 1808-1893), que cuenta con el apoyo de los diputados monárquicos conservadores. Entonces, Adolphe Thiers entra en la oposición republicana. El 18 de mayo de 1877, firma el Manifiesto de los 363, en el que los republicanos se oponen al nombramiento de un monárquico, el duque de Broglie, para presidir el Consejo. Fallece el 3 de septiembre de 1877, tras la disolución de la Asamblea. Gracias o a pesar de sus posiciones conservadoras y a su papel en la exterminación de la Comuna, goza de una gran popularidad, sobre todo por haber resuelto el conflicto con Prusia y haber consolidado las bases de la Tercera República. Su fallecimiento provoca una gran emoción que se traduce por unos funerales grandiosos, con un cortejo de casi un millón de personas, delegaciones de 384 ciudades de Francia y una tumba decorada con un arco del triunfo en el cementerio Père-Lachaise.

LOUISE MICHEL, REVOLUCIONARIA FRANCESA

| Retrato de Louise Michel.

Louise Michel, nacida el 29 de marzo de 1830, es la hija natural de una criada y de un señor del departamento de Alto Marne. Esta profesora imbuida de ideales republicanos se niega a prestar juramento al Imperio y, por lo tanto, ejerce en escuelas libres, mientras se dedica a socorrer a los más pobres. Llega a París en 1856 y se convierte en militante feminista y socialista, y escribe para periódicos de oposición.

Tras la derrota de Sedán, dirige un comité de vigilancia femenino en Montmartre. Participa en la insurrección del 18 de marzo y en la Comuna. Esta mujer, arrestada durante la Semana Sangrienta tras haber luchado en las barricadas y apodada la Virgen Roja, logra evadirse, pero se entrega a las autoridades cuando recibe la noticia de que su madre ha sido detenida. Es encerrada en el campo de Satory y, a continuación, es deportada a Nueva Caledonia en agosto de 1873. Allí, se acerca a los canacos, quienes disfrutan de su talento como profesora y a los que apoya cuando se sublevan contra los colonos. La amnistía de 1880 le permite volver a Francia, donde retoma su actividad política, algo que le cuesta varios nuevos arrestos. Autora de sus memorias y de una rica correspondencia, muere en Marsella en 1905, a los 75 años.

JULES VALLÈS, ESCRITOR Y PERIO- DISTA FRANCÉS

| Retrato de Jules Vallès.

Jules Vallès nace el 11 de junio de 1832 en Le Puy en Velay. Su padre, profesor, lo educa en un ambiente riguroso y marcado por la pobreza, y su madre no duda en mostrarse violenta. Desde sus estudios en el instituto en Nantes, se apasiona por la Revolución y participa en las manifestaciones de 1848. A continuación, abandona la región y se dirige a París, sin oficio, donde lleva una vida bohemia. Empieza a escribir, se convierte en periodista para *Le Figaro* y él mismo funda varios periódicos, como *La Rue* o *Le Peuple*, en los que defiende fervientemente la libertad de prensa. También se lanza en política, pero fracasa en las elecciones legislativas de 1869.

Su actividad periodística y sus convicciones anti-imperialistas y pacifistas le cuestan varios arrestos. Después de su última encarcelación, en julio de 1870, se une a la Asociación Internacional de Trabajadores y publica un nuevo periódico, *Le Cri du Peuple*. Durante la Comuna, ocupa un cargo en la comisión de educación y en la de relaciones exteriores. Al igual que un cierto número de partidarios de la Comuna que, en realidad, son minoría, se opone a la creación de un Comité de Salvación Pública dictatorial. Lucha en las barricadas durante la Semana Sangrienta y, después, huye a Inglaterra, donde es condenado en rebeldía. Sobrevive en la miseria mientras redacta una trilogía que es en gran parte autobiográfica. Amnistiado en 1880, regresa a Francia 3 años más tarde y vuelve a impulsar la publicación de *Le Cri du Peuple*, en el que defiende la causa del proletariado. Es muy probable que muriese de diabetes en febrero de 1885. A su funeral en el cementerio Père-Lachaise asisten cerca de 100 000 personas.

NATHALIE LEMEL, REVOLUCIONARIA FRANCESA

Nathalie Duval nace en Brest en 1826, fruto de un matrimonio que regenta una cafetería. Disfruta de una buena educación y se convierte en una obrera encuadernadora. En 1845, se casa con Jérôme Lemel, que también es obrero del libro y con quien tendrá 3 hijos. A continuación, abre una librería en Quimper, antes de abandonar Bretaña para instalarse en París, en 1861. El área de los oficios relacionados con el libro se muestra muy activa en las reivindicaciones sobre derecho del trabajo, así que frecuenta las distintas corrientes socialistas de la época y participa en sus primeras huelgas. Por otra parte, conoce al sindicalista Eugène Varlin, se convierte en delegada sindical, milita para la igualdad de salarios entre los hombres y las mujeres y se une a la Asociación Internacional de Trabajadores. En 1868, se separa de su marido y funda con Eugène Varlin una cooperativa de alimentación y, más adelante, un restaurante cooperativo, la Marmite, que está destinado a los obreros, que goza de un gran éxito y que se transforma en un foco de resistencia representativo. Durante la Comuna, crea con Elisabeth Dmitrieff (política y militante feminista rusa, 1851-1910 o 1918) la Unión de las Mujeres para la Defensa de París, se encarga de cuidar a los heridos y de organizar las cooperativas obreras. Durante la Semana Sangrienta, lucha en las barricadas. Encarcelada y deportada junto a Louise Michel, regresa a Francia en 1880, donde participa en el periódico *L'Intransigeant*. Sin embargo, afectada por su cautiverio, se muestra cada vez menos activa y muere en la miseria en 1921.

EUGÈNE VARLIN, POLÍTICO Y SINDI-CALISTA FRANCÉS

| Retrato de Eugène Varlin.

Eugène Varlin nace en 1839, y sus padres son jornaleros agricultores. Se convierte en obrero encuadernador a partir de 1852, fecha en la que se instala en París. Está ávido de conocimientos, por lo que sigue clases nocturnas y devora libros, tanto literarios como científicos y políticos. En 1857, se une a una sociedad de ayuda mutua que reúne a obreros y a jefes encuadernadores. Participa en las huelgas de los años 1860, durante las que conoce a Nathalie Lemel, a la que convierte en asociada de la sociedad de crédito mutualista que él mismo funda en 1866. Miembro de la Asociación Internacional de Trabajadores, para la que trabaja como secretario en la oficina de París a partir de 1868, participa en sus congresos, lo que le permite conocer a Karl Marx en Londres. Al contrario que muchos de sus homólogos proudhonianos o internacionales, es un ferviente defensor de la causa feminista. Su militancia le cuesta varios arrestos y un exilio en Bélgica. Vuelve a Francia tras la caída del Imperio, participa en el Comité Central de los Veinte Distritos y se enrola como guardia nacional. Durante la Comuna ocupa un cargo en la comisión de Hacienda y coordina las sociedades obreras. Rechaza el giro dictatorial de la salvación pública que toma la Comuna a principios de mayo y, aunque la defiende en las barricadas durante la Semana Sangrienta, lo cierto es que intenta impedir la ejecución sumaria de los rehenes el 26 de mayo. El 28, tras la rendición de los últimos partidarios de la Comuna, un sacerdote lo reconoce y lo denuncia. Es arrestado y rápidamente es fusilado.

LA COMUNA

LA CAÍDA DEL SEGUNDO IMPERIO Y EL ASEDIO DE PARÍS

Cuando Napoleón III se rinde en Sedán y es hecho prisionero el 1 de septiembre de 1871, la emperatriz Eugenia intenta sin éxito prolongar el régimen. Los parisinos se sublevan y se reúnen en una asamblea que se posiciona mayoritariamente a favor de que la caída del emperador va de la mano con la del Imperio. Léon Gambetta (1838-1882), ministro del Interior, y Jules Favre (1809-1880) proclaman la República 3 días más tarde, delante del Hôtel de Ville o ayuntamiento parisino. Favre, ministro de Asuntos Exteriores del nuevo Gobierno de Defensa Nacional dirigido por el general Louis Trochu (1815-1896), intenta negociar el 19 y el 20 de septiembre con Bismarck, mientras confía a Adolphe Thiers la misión de buscar mediadores en las cortes europeas. Pero sus esfuerzos son en vano.

En la capital asediada y bombardeada por los

prusianos, las condiciones de vida se degradan hasta tal punto que el Gobierno se repliega a Burdeos. La población parisina todavía sigue apoyándolos en gran parte, pero esta fidelidad se ve quebrantada por las derrotas que sufren las tropas francesas en octubre y en enero de 1871: François Bazaine (militar francés, 1811-1888) capitula en Metz el 27 de octubre, y las salidas que organiza Louis Trochu se saldan con severas derrotas. El Gobierno está acorralado. El 28 de enero, Bismarck solo acepta firmar un armisticio con un Gobierno elegido y a cambio de la rendición de París. Así, en febrero de 1871 se celebran elecciones, en las que la tensión pasa al nivel superior. Estas consagran la victoria de los monárquicos, que cuentan con cerca de 400 diputados contra menos de unos 40 republicanos, elegidos fundamentalmente por los parisinos. El poder ejecutivo recae en Adolphe Thiers, cuyo deseo, similar al de la mayoría conservadora, es poner un punto final a la guerra y a la ocupación del territorio francés. El 1 de marzo de 1871, el Ejército prusiano, triunfante, desfila por la capital, en la que se tienden telas negras. Pero el 18 de marzo, Adolphe Thiers intenta retomar el control de los cañones de la Guardia Nacional, lo que acaba encendiendo la mecha.

LA INSURRECCIÓN DEL 18 DE MARZO DE 1871

Desde el mes de septiembre de 1870, muchos comités de vigilancia, organizados por revolucionarios radicales, miembros de la Internacional o de sociedades jacobinas, dirigen los barrios de París. Se reúnen en un Comité Central de los Veinte Distritos que organiza el reclutamiento masivo de voluntarios a los que arma (los Guardias Nacionales) y reivindica una mayor autonomía para organizar la defensa de la ciudad. Durante todo el otoño y el invierno de 1870-1871, opone su deseo de guerra total a la indecisión del Gobierno. Tras el trance del asedio de París, la rendición del Gobierno, su repliegue a Versalles (lugar que se considera el símbolo del Antiguo Régimen, ofensa última para los republicanos) tras haberse ido de Burdeos, episodio que se vive como un abandono, y el desfile prusiano que sufre como una humillación, la Guardia Nacional se subleva el 18 de marzo. Adolphe Thiers, que quiere mostrar al enemigo su buena fe, ese día envía a 4000 hombres para que se apoderen de los cañones situados a salvo de los prusianos, en las colinas de Montmartre, en Belleville y en la Villette y para que retomen el control de los barrios más sometidos. La Guardia Nacional, que no puede impedir la entrada de las tropas en París, enciende las alarmas y se moviliza: organiza barreras en las avenidas exteriores para impedir que los soldados se batan en retirada. En Montmartre, el general Claude Martin Lecomte (1817-1871) da la orden a sus hombres de que disparen a la muchedumbre que los rodea, pero los soldados se niegan y simpatizan con esa multitud. Entonces, Lecomte es arrestado y fusilado, al igual que el general Jacques Clément Thomas (1809-1871), encargado por su parte de establecer un plan de barricadas. Los motines se extienden por distintos barrios parisinos. En un primer momento, el Gobierno renuncia a replicar y ordena a sus tropas que se batan en retirada a pesar de las barricadas. El Comité Central se reúne en el Hôtel de Ville y decide que se lleven a cabo elecciones municipales el 22 de marzo.

| La jornada del 18 de marzo y la toma de los cañones.

LA ORGANIZACIÓN Y LOS LOGROS DE LA COMUNA

Las elecciones que, finalmente, se celebran el 26 de marzo designan a los 85 miembros del nuevo consejo comunal, que se proclama Comuna de París el 28 y adopta la bandera roja, símbolo de la revolución. Esta, compuesta por miembros muy heterogéneos y completamente desconocidos (blanquistas, jacobinos, internacionales), funciona de forma autónoma. Todos comparten el mismo ideal de una Comuna independiente, pero discrepan en cuanto a la conducta que se debe tener con el resto del país. Para los jacobinos, París debe dirigir Francia y convertirse en su modelo, mientras que para los proudhonianos, hay que crear una federación de comunas libres.

Los ministerios están ocupados por nueve comisiones que en seguida toman las primeras medidas: se suspende la venta de objetos depositados en el Mont-de-Piété y se restablece la libertad de prensa. Además, a lo largo de todo el mes de abril, una serie de decretos organiza la vida de la Comuna. El del 3 de abril instaura la laicidad: se elimina el presupuesto del culto —que constituye una infracción a la libertad de conciencia, ya que incluso los no católicos tenían que participar en él a través de sus impuestos— y, a partir de ese momento, la educación es laica, además de ser gratuita y obligatoria. Nacen escuelas para las jóvenes y escuelas profesionales. La moratoria del 12 de abril suspende los procedimientos judiciales por alquileres y facturas comerciales no pagados. Por su parte, el decreto del 24 requisa las viviendas desocupadas para radicar en ellas a las familias sin domicilio. En el ámbito del trabajo, una comisión dirigida en gran parte por militantes de la Internacional adopta una serie de medidas progresistas. Se pone un límite al sueldo de los funcionarios, que a partir de ahí se estipula teniendo en cuenta su antigüedad y su nivel de cualificación. Se prohíben las retenciones de sueldo y el trabajo nocturno. Los talleres abandonados son requisados y gestionados por cooperativas obreras, en un modelo embrionario de autogestión.

Por otra parte, la Comuna disfruta de una imagen positiva —aunque, en realidad, es relativa— en materia de derechos de las mujeres. Entonces, del movimiento feminista, discreto pero activo durante la Segunda República y el Segundo Imperio, se encargaban las mujeres de letras provenientes de círculos acomodados. Pero sus manifiestos, en particular los de la Liga por los Derechos de la Mujer, creada en 1868, en los que piden la igualdad tanto en el ámbito privado del matrimonio como en el mundo laboral, empiezan a tener eco en las mujeres de condición más modesta, que están tan politizadas como sus parejas. Las mujeres que vienen del entorno popular y obrero viven las peores condiciones educativas y laborales. Reciben un sueldo mucho menor que sus homólogos masculinos, son también las primeras que tienen que enfrentarse al desempleo, ya sea el suyo o el de su marido o cónyuge, y efectúan las tareas más desagradecidas. Desde el mes de septiembre de 1870, se reúnen en asociaciones de ayuda a los indigentes y a los heridos, antes de que se cree en Montmartre un comité de distrito femenino, basado en los comités de vigilancia e impulsado por la profesora Louise Michel. Durante la insurrección del 18 de marzo y la Semana Sangrienta, toman las armas para defender la causa de la Comuna y la suya. En el mes de abril de 1871, se crea una Unión de Mujeres, dirigida por Elisabeth Dmitrieff y Nathalie Lemel. Su objetivo es organizar talleres cooperativos de obreras, principalmente en el sector textil. El decreto del 10 de abril otorga una pensión a las viudas de los guardias nacionales y el del 21 de mayo instaura la igualdad de salarios entre profesores y profesoras. Aunque se trata de avances notables, la Comuna no irá mucho más allá por falta de tiempo, pero también por una cierta reticencia dentro de los movimientos socialistas, libertarios e internacionalistas.

El 19 de abril se redacta una Declaración al Pueblo Francés en la que se fija el objetivo de la Comuna: la instauración de una democracia directa inscrita en el marco de una república efectiva dentro de comunas autónomas en las que los ciudadanos tienen que poder intervenir en cualquier momento, en todo lo relacionado con la administración política, económica y social. Pero la Comuna pronto sufre sus impulsos libertarios: en la prensa y en la calle, muchos parisinos se posicionan a favor de Versalles. Por ello, en seguida se restringe la libertad de prensa: las publicaciones vuelven a someterse a autorización y se censuran. También se registran los domicilios con el objetivo de descubrir a los espías o a las personas que dan su apoyo al Gobierno de Versalles, y los sospechosos son ejecutados sumariamente. Finalmente, a pesar de un deseo de unir a los parisinos y al resto de Francia a través de la aprobación en vez de por la fuerza, la Comuna se ve obligada a tomar las armas contra los versalleses.

A menudo, las revoluciones vienen acompañadas de algunos estribillos populares que, por lo general, pasan a la posteridad. Durante la Primera Revolución francesa (1789), se canta *La Carmañola* o *La Marsellesa*. La Comuna también es la ocasión para apropiarse de cantos ya antiguos (la Carmañola de la Comuna, por ejemplo) o para crear nuevos himnos. Es sobre todo el caso del *Tiempo de cerezas*, escrito por Jean-Baptiste Clement (cantante francés, 1836-1903) en 1866, que los partidarios de la Comuna retoman y a la que le ponen música 2 años más tarde. En 1885, en una obra que recopila sus obras, su autor la dedica de manera póstuma a Louise, una joven enfermera durante la Comuna. Por su parte, otra canción que alcanza una fama duradera es *La Internacional*, escrita por Eugène Pottier (poeta francés, 1816-1897) en junio de 1871. Primero se canta usando melodías populares, pero finalmente se le pone música en 1888. Se convierte en un himno obrero a partir de 1904.

LA SEMANA SANGRIENTA Y EL FINAL DE LA COMUNA

Las tropas de los guardias nacionales intentan salir de París a principios del mes de abril, pero estos intentos se saldan con una derrota. Son bombardeadas por los versalleses que están situados en el monte Valérien y que no hacen prisioneros: un partidario de la Comuna arrestado es un hombre muerto, inmediatamente fusilado. Como respuesta, por cada partidario de la Comuna asesinado, se mata a dos versalleses. Mientras las tensiones y las disensiones sacuden a la Comuna, Adolphe Thiers vuelve a constituir un ejército y se asegura de que este no simpatizará con los partidarios de la Comuna, tal y como ocurrió anteriormente. Estas tropas, dirigidas por Patrice de Mac-Mahon, están conformadas por reclutas que provienen de ambientes muy diversos y que viven en un marco militar estricto, basado a la vez en la gratificación (mejor alimentación, aumento de sueldos, etc.) y en la sanción. Se mantiene a las tropas alejadas de la vida pública y se les prohíben los periódicos.

El 21 de mayo, las tropas versallesas entran

en París y, en una semana, llamada la Semana Sangrienta, retoman la ciudad barrio por barrio, cruzando las barricadas que los partidarios de la Comuna han levantado. En ambos bandos reina una lógica sencilla: hay que matar al que está en frente. Los versalleses disparan a matar, reúnen a los disidentes, envían a una parte a los campos de concentración y fusilan a la otra parte en lo que se apodará el matadero.

| Barricada en la plaza Vendôme, foto tomada por Bruno Braquehais.

Los defensores de la Comuna incendian la ciudad: destruyen el palacio de las Tullerías, el Hôtel de Ville, la prefectura de la policía y el Palacio de Justicia. Ejecutan a los rehenes, en particular a los eclesiásticos, como el arzobispo de París, monseñor Georges Darboy (1813-1871). El 27 de mayo, tras una jornada de intensos combates, unos 200 partidarios de la Comuna refugiados en el cementerio Père-Lachaise son fusilados ante uno de los muros del recinto que, como homenaje, desde entonces se llama el Muro de los Federados. Una fosa común acoge en el lugar los cadáveres de la Semana Sangrienta. Entonces, los versalleses retoman la ciudad y cae el último fuerte, el de Vincennes.

UN CONTEO IMPOSIBLE

El número de víctimas de la Comuna es motivo de un amplio debate, tanto histórico como político. En efecto, justo después de la Semana Sangrienta, vencedores y vencidos entablan una auténtica batalla de cifras. En el bando versallés, el balance de unos 900 muertos no se pone en duda, pero no sucede lo mismo con los defensores de la Comuna. Patrice de Mac-Mahon, que ha organizado la represión, informa de alrededor de 17 000 víctimas y el Gobierno reconoce hasta 35 000, mientras que Louise Michel, miembro activo de la Comuna, asegura que son al menos unas 100 000. Los historiadores contemporáneos, como el francés Jacques Rougerie o el británico Robert Tombs, tampoco se ponen de acuerdo en el número de víctimas: para el primero, son muchas más de 30 000 y, para el segundo, son menos de 10 000. Pero en lo que sí existe consenso es en la violencia de los combates que acaban convirtiéndose en masacre. Con los incendios, los fusilamientos a discreción y los partidarios de la Comuna arrinconados contra el muro del cementerio de Père-Lachaise, el final de la Comuna reúne todos los ingredientes de una epopeya trágica.

Aunque es difícil calcular el número de muertos, sí que resulta más fácil elaborar el listado de los arrestos y de las condenas. También alcanza proporciones trágicas: 43 000 arrestos, 80 condenas a muerte, miles de penas de deportación a Nueva Caledonia. Los detenidos son hacinados en condiciones horribles en la Orangerie y en las caballerizas del castillo de Versalles, en el campo de Satory o en las bodegas de barcos que hay en el Sena, llamados pontones.

REPERCUSIONES

EL NACIMIENTO DE LA TERCERA REPÚBLICA: DE LA EXPIACIÓN AL PERDÓN

La Tercera República, proclamada el 4 de septiembre de 1870, surge de la derrota de Sedán y del final del Segundo Imperio. Sus primeros meses se ven alterados por el final del conflicto con Prusia y por el episodio de la Comuna. Una vez que esta es aplastada, se da inicio al régimen político más largo que ha vivido Francia, por detrás de la monarquía.

En 1873, las tropas de ocupación alemanas abandonan el país. Ese mismo año, Adolphe Thiers, presidente desde 1871, es sustituido por Patrice de Mac-Mahon. Las leyes constitucionales de 1875 terminan por instaurar la República. Sin embargo, esta tiene que superar obstáculos, ya que la Asamblea oscila entre las tendencias conservadoras (representadas en particular por los monárquicos) y las radicales, lo que conlleva una constante inestabilidad ministerial. A pesar de todo, el orden moral predomina hasta 1879, fecha en la que los republicanos son mayoritarios y Jules Grévy (1807-1891) alcanza la presidencia. Entre 1871 y 1880, la República se construye primero sobre la expiación y, después, sobre el perdón.

La basílica del Sagrado Corazón de Montmartre

El 24 de julio de 1873, una ley de la recién nacida Tercera República declara de utilidad pública la construcción de una basílica en la colina de Montmartre. Este templo se considera a menudo el símbolo expiatorio del episodio de la Comuna, pero la realidad es mucho más compleja. En 1870, muchos franceses perciben como un castigo divino la derrota de las tropas francesas en Sedán frente a Prusia, que se produce el 1 de septiembre, y frente al Ejército italiano, que toma Roma el 20 del mismo mes y que pone un punto final al poder temporal del Vaticano. El predicador jesuita Marin de Boylesve (1813-1892) publica en octubre de 1870 un opúsculo, *La Croisade du Sacré-Coeur*, «La cruzada del Sagrado Corazón», que llama a la expiación de los crímenes cometidos contra la Iglesia y contra el rey durante la Revolución de 1789. Poco después, Alexander Legentil (empresario francés, 1821-1889) y su cuñado Hubert Rohault de Fleury (pintor francés, 1828-1910) expresan su deseo de construir una iglesia dedicada al Sagrado Corazón para reconciliar a Francia con Jesús.

La elección de la colina de Montmartre para albergar esta edificación también se considera una alusión a la Comuna, ya que ahí es donde nace, con el motín del 18 de marzo. Pero, además, Montmartre —que significa «monte de los mártires»— es un lugar de culto muy antiguo, que primero se dedica a san Dionisio y a todos los mártires cristianos de los primeros siglos de nuestra era. En el siglo XII, el rey de Francia Luis VI (1080-1137) construye en ella una abadía benedictina, destruida en 1792. En 1534, en una capilla situada en el faldón de la colina, parece ser que Ignacio de Loyola (1491-1556) y seis de sus compañeros habrían definido la futura Compañía de Jesús. Para acabar, también cabe señalar que la posición de Montmartre, en las alturas, es estratégica.

Por lo tanto, el deseo nacional es anterior a la Comuna. El objetivo es expiar los actos violentos de una revolución, pero se trata sobre todo de los de 1789. No obstante, es muy probable que la ley de 1873 se adopte con una doble intención: en efecto, la Tercera República dice ser ejemplar. En su discurso del mes de mayo de 1871, el propio Adolphe Thiers utiliza la palabra expiación. Para tranquilizar, unir y legitimarse, la Tercera República marca las distancias con el caos y se reconcilia con el orden moral. Una prueba de ello es la aprobación de la construcción de la basílica, lo que consuma la ruptura entre república y revolución.

EL MOMENTO DE LA AMNISTÍA

Ya desde la primavera de 1871, la impresión que genera la represión de la Comuna y las condiciones de encarcelamiento de los arrestados genera una amplia campaña a favor de la reconciliación nacional y de la amnistía general. Al principio de la Comuna, Victor Hugo (escritor y político francés, 1802-1885), que en realidad aprueba el espíritu de esta, se subleva contra la violencia ejercida e insta al Gobierno de Thiers a que no responda con la represión. Junto a Louis Blanc, funda una sociedad de ayuda para los prisioneros de los pontones. Dimite de la Asamblea, pero vuelve a presentarse en París con un proyecto de amnistía en su programa. Sin embargo, hasta 1880, el clima no se presta para un perdón. El socialismo ha sido borrado del mapa, domina el miedo a la revolución y el Gobierno, que ante todo desea apartar el peligro del monarquismo y apropiarse de algunos de sus valores de orden, prefiere olvidar la Comuna. Pero una vez que se ha institucionalizado la República a través de las leyes constitucionales de 1875 y ha sido aprobada con las elecciones del año siguiente —lo que confirma el visto bueno de la población al nuevo régimen—, la acción de los comités y la elocuencia de Léon Gambetta permiten el voto de una primera Ley de Amnistía en 1879. Se trata de una ley que, primero, es restringida y que a continuación se amplía, el 11 de julio de 1880. No toma el nombre de amnistía general, pero en la práctica la ley se aplica a todos los últimos condenados que siguen purgando su pena. Entonces, la República, tras haber aplastado e ignorado a la Comuna, la integra en sus valores con la intención de reconciliarse con la nación, a través de la unión fraternal articulada en torno a los ideales de libertad y de justicia que, a duras penas, intenta defender desde hace casi un siglo.

EL MITO DE LA COMUNA

La Comuna es un acontecimiento fundacional para la mayoría de los movimientos de izquierdas, ya sean socialistas o comunistas. Su concepción no es idéntica para todos y ha ido evolucionando con el tiempo, pero sea como fuere, la Comuna sigue siendo determinante en el pensamiento social y revolucionario.

Karl Marx es uno de los primeros en darse cuenta. Mantiene una estrecha relación con los representantes franceses de la Asociación Internacional de Trabajadores y, a partir de 1871, redacta *La guerra civil en Francia*, una obra en la que analiza la Comuna en términos de lucha de clases, la convierte en el ejemplo de la dictadura del proletariado (etapa necesaria antes de la abolición del Estado), examina los motivos de su fracaso y saca conclusiones sobre estrategia revolucionaria. Para él, la Comuna es a la vez un modelo de combate heroico (el de un proletariado parisino contra la burguesía versallesa) y un ejemplo de acumulación de errores tácticos a los que aporta soluciones que serán útiles sobre todo durante la Revolución de 1917 en Rusia. Por otra parte, Lenin (hombre de Estado ruso, 1870-1924) retoma la lectura marxista del ejemplo de la Comuna como objetivo del Estado, algo por lo que aboga, a la vez que desconfía de la precipitación revolucionaria que ignora este órgano directivo. Esto es, entre otras cosas, lo que reprocha también Trotsky (político ruso, 1879-1940) a la Comuna, o al menos lo que constituye uno de los motivos de su fracaso: la ausencia de una dirección fuerte en el movimiento, con una línea de conducta organizada. El anarquista Mijaíl Bakunin (1814-1876) coincide con Marx en su visión de la Comuna como ejemplo de la caída del Estado como opresor, pero muchos, como el geógrafo libertario Élisée Reclus (1830-1905), se lamentan de los límites del análisis marxista.

Por lo tanto, aunque el comunismo ha integrado en gran medida a la Comuna en su pensamiento, el socialismo, que no tiene una vertiente revolucionaria, está más matizado. En 1871, celebra el fervor republicano, la unidad social popular y honra la memoria de las víctimas más que erigir como modelo a la Comuna. Estas divergencias en cuanto al tratamiento de este episodio también son perceptibles en las conmemoraciones. Primero son esporádicas, tras la amnistía de 1880, con el entierro simbólico de los antiguos defensores de la Comuna en el cementerio Père-Lachaise y algunas celebraciones en el mes de mayo. Después, a principios del siglo XX, se organizan las «subidas al Muro» (el de los Federados) casi anualmente. En origen, no se identifican con ningún bando político, pero con el paso del tiempo, se convierten en una oportunidad para reivindicar su pertenencia. A partir de 1909, la SFIO (Sección Francesa de la Internacional Obrera) desfila durante la celebración, y a ella se une en 1920 el Partido Comunista. Al año siguiente, los dos forman cortejos separados. Incluso durante las grandes conmemoraciones (durante la Liberación, en Mayo del 68 o para el centenario en 1971) cada uno sube al Muro por su lado.

En 2013, 20 años después de la inscripción del Muro de los Federados en los monumentos históricos, diputados socialistas y senadores comunistas presentan una resolución en el Senado para rehabilitar la memoria de la Comuna y de sus partidarios. Esta vez, se la presenta como la plena expresión y el modelo de los valores republicanos franceses, olvidando sin duda la complejidad de las posiciones parisinas y versallesas. Al igual que ocurre con las grandes emociones colectivas, la Comuna todavía no ha dejado de despertar sentimientos en las mentes del pueblo.

EN RESUMEN

1870

19 jul.: Francia declara la guerra a Prusia

1 sept.: los franceses son derrotados en Sedán y Napoleón III es hecho prisionero

4 sept.: se proclama la Tercera República

1871

28 en.: Francia y Prusia firman el armisticio

1 mar.: **los prusianos desfilan en París**

18 mar.: **París se subleva**

28 mar.: **se proclama la Comuna**

21 may.-27 may.: **Semana Sangrienta**

27 may.: **se mata a los últimos defensores de la Comuna ante el Muro de los Federados**

1880

11 jul.: se vota la Ley de Amnistía

- El 10 de diciembre de 1848, Luis Napoleón Bonaparte es elegido presidente de la Segunda República mediante sufragio universal masculino. El 2 de diciembre de 1852, proclama el Segundo Imperio y toma el título de Napoleón III.

- El 19 de julio de 1870, Francia declara la guerra a Prusia como respuesta por sus intenciones expansionistas y tras el telegrama de Ems.

- El 1 de septiembre, las tropas francesas son derrotadas en Sedán y Napoleón III es hecho prisionero. Se proclama la República 3 días más tarde y empieza el asedio de París, donde los habitantes se niegan a rendirse.

- El 28 de enero de 1871, se firma el armisticio entre Francia y Prusia a cambio de la rendición de París, del pago de una indemnización y de la anexión de las regiones de Alsacia y Lorena. El 1 de marzo, las tropas prusianas desfilan en París.

- El 18 de marzo, la ciudad se subleva frente a las tropas que Adolphe Thiers ha enviado para apoderarse de nuevo de los cañones de Montmartre, de Belleville y de la Villette. Tras la retirada del Ejército, que ha sido vencido, se organizan elecciones municipales y el 28 de marzo se proclama la Comuna de París.

- Durante el mes de abril, la Comuna promulga decretos que tienen como objetivo organizar la gestión autónoma e igualitaria de la sociedad y del trabajo. También instaura la represión estricta de cualquier oposición, con decretos para los sospechosos y los rehenes.

- El 21 de mayo, las tropas versallesas de Adolphe Thiers entran en París. Durante la Semana Sangrienta, los combates causan estragos, los defensores de la Comuna construyen barricadas e incendian los edificios públicos, mientras que el Ejército organiza numerosas masacres. El 27 de mayo, las últimas fuerzas de resistencia de la Comuna son ejecutadas ante el muro del recinto del cementerio Père-Lachaise, que a partir de ese momento se llama Muro de los Federados.

- El 11 de julio de 1880 se vota la Ley de Amnistía de los últimos condenados de la Comuna. En 1983, el Muro de los Federados se inscribe como monumento histórico.

¡Tu opinión nos interesa!
¡Deja un comentario en la página web de tu
librería en línea,
y comparte tus favoritos en las redes sociales!

PARA IR MÁS ALLÁ

FUENTES BIBLIOGRÁFICAS

- Fournier, Éric. 2013. "La commune de 1871: enjeux de sa commémoration et de son enseignement". *Aggiornamento hist-géo.* 15 de mayo. Consultado el 3 de julio de 2017. http://aggiornamento. hypotheses.org/1381

- Furet, François. 1988. *La révolution. 1814-1880.* París: Pluriel.

- Gacon, Stéphanie. 2003. "L'amnistie de la Commune (1871-1880)". *Lignes.* Consultado el 3 de julio de 2017. www.cairn.info/revue-lignes1-2003-1-page-45.htm

- Plessis, Alain. 1979. *De la fête impériale au Mur des Fédérés.* París: Seuil.

- Rougerie, Jacques. 1977. "Recherches sur le Paris du XIXe siècle. Espace populaire et espace révolutionnaire. Paris 1870-1871". *Bulletin de l'Institut d'histoire économique et sociale de l'université de Paris.* París: Institut d'Histoire Économique et Sociale.

- Tombs, Robert. 1997. *La guerre contre Paris. 1871.* París: Aubier.

- Tombs, Robert. 2014. *París, bivouac des révolutions.*

La commune de 1871. París: Libertalia.

- Verhaeghe, Sidonie. 2012. "'Les victimes furent sans nom et sans nombre'. Louise Michel et la mémoire des morts de la Commune de Paris.". *Mots. Les langages du politique.* Consultado el 5 de julio de 2017. http://mots.revues.org/20979

- Winock, Michel. 1992. *Le socialisme en France et en Europe*. París: Seuil.

FUENTES COMPLEMENTARIAS

- Fabre, Pierre-Antoine. 2000. "La compagnie de Jésus et le souvenir du vœu de Montmartre (1534)". *Les Cahiers du Centre de recherches historiques.* Consultado el 5 de julio de 2017. http://ccrh.revues.org/2032

- Rodríguez, Miguel. 1998. "Du vœu royal au vœu national". *Les Cahiers du Centre de recherches historiques.* Consultado el 5 de julio de 2017. http://ccrh.revues.org/2513

- Rougerie, Jacques. 1976. "Notes pour servir à l'histoire du 18 mars 1871". *Mélanges d'histoire sociale offerts à Jean Maitron.* París: Éditions ouvrières.

FUENTES ICONOGRÁFICAS

- Retrato de Adolphe Tiers. La imagen reproducida

está libre de derechos.

- Retrato de Louise Michel. La imagen reproducida está libre de derechos.

- Retrato de Jules Vallès. La imagen reproducida está libre de derechos.

- Retrato de Nathalie Lemel. La imagen reproducida está libre de derechos.

- Retrato de Eugène Varlin. La imagen reproducida está libre de derechos.

- La jornada del 18 de marzo y la toma de los cañones. La imagen reproducida está libre de derechos.

- Barricada en la plaza Vendôme, foto tomada por Bruno Braquehais. La imagen reproducida está libre de derechos.

- Dibujo de Alfred Darjou, que representa la ejecución de los defensores de la Comuna ante el Muro de los Federados. La imagen reproducida está libre de derechos.

NOVELAS, MEMORIAS Y ENSAYOS

- Baronnet, Jean. 2006. *Regard d'un Parisien sur la Commune.*

- Lissagaray, Prosper Olivier. 1896. *Histoire de la Commune de 1871.* París.

- Marx, Karl. 1871. *La guerra civil en Francia*. Londres.

- Saint-Macary, Pierre. 2011. *Les Canonnières du Point du Jour.*

- Valat, Éloi. 2013. *La Semaine sanglante de la Commune de Paris.*

- Vallès, Jules. 1886. *L'Insurgé*. París.

PELÍCULA

- *La Commune (Paris 1871)*. Dirigida por Peter Watkins. Francia: Arte, 1999.

CUADROS Y FOTOGRAFÍAS

- Anónimo. 1871. *La Barricade du boulevard Puebla*. París: Museo de Arte y de Historia de Saint-Denis.

- Luce, Maximilien (1858-1941). 1903. *Una calle de París en mayo de 1871*. París: Museo de Orsay.

- Luce, Maximilien (1858-1941). 1910. *L'Exécution d'Eugène Varlin*. Mantes-la-Jolie: Museo de l'Hôtel-Dieu de Mantes-la-Jolie.

- Manet, Édouard. 1871. *La barricada*. Boston: Museo de Bellas Artes.

- Manet, Édouard. 1873. *Guerra civil*. París: Biblioteca Nacional de Francia.

- Meissonnier, Jean-Louis Ernest (1815-1891). 1871.

Ruinas de las Tullerías. Compiègne: Museo Nacional del Castillo de Compiègne.

- Philippoteaux, Henri Félix Emmanuel (1815-1884). 1871. *Le Père-Lachaise et les derniers combats de la Commune*. París: Museo de Arte y de Historia de Saint-Denis.